L'INDUSTRIE HUMAINE

IMPRIMERIE L. TOIXON ET CE, A SAINT-GERMAIN.

CONFÉRENCES POPULAIRES
FAITES A L'ASILE IMPÉRIAL DE VINCENNES
SOUS LE PATRONAGE
DE S. M. L'IMPÉRATRICE

L'INDUSTRIE HUMAINE

PAR

FRÉDÉRIC PASSY

PARIS
LIBRAIRIE DE L. HACHETTE ET Cⁱᵉ
BOULEVARD SAINT-GERMAIN, Nº 77
—
1868

L'INDUSTRIE HUMAINE

On dit tous les jours que l'homme est le
roi de la nature ; c'est probablement votre
avis, et c'est assurément le mien. Mais on
dit tous les jours aussi que l'homme est le
plus faible et le plus dépourvu des animaux ;
et il semble difficile, à moins de fermer les
yeux à l'évidence, de contester cette vérité.
Comment donc se peuvent concilier ces deux
assertions, en apparence contradictoires ? En
deux mots, le voici :

Lorsque l'homme arrive sur la terre, il
est, en effet, de tous les habitants de cette
terre, le plus faible, le plus incapable de
subsister par lui-même. Si nous nous com-
parons, tels que nous venons au monde, à la

plupart des autres animaux dont nous
avons à partager le séjour, nous sommes
bien forcés de reconnaître que nous ne
sommes pas armés comme eux pour résister
aux difficultés et aux dangers qui nous atten-
dent. Tous, jusqu'aux plus imparfaits, ont
été pourvus par la nature de moyens appro-
priés de chercher leur subsistance et de se
développer. Il en est qui se perdent dans
leur petitesse ; mais dans cette petitesse ils
sont armés d'instruments pour saisir ou pour
aspirer les éléments dont ils ont besoin. L'un
a une trompe, comme le papillon ; et l'autre
un dard, comme l'insecte suceur. Celui-ci
est armé de griffes et de dents auxquelles
rien ne résiste ; et celui-là porte avec lui des
outils qui sont de véritables modèles de scies,
de tarières, de couteaux ou de poinçons. La
taupe est un mineur qui a reçu en naissant
des pioches puissantes ; l'oiseau est un véritable navire aérien, un ballon bien antérieur
et bien supérieur à ceux que l'homme
pourra jamais inventer ; et le poisson de son
côté est un véritable et parfait navire sous-
marin. En un mot, les animaux ont été
créés *complets* ; je dis complets pour l'exis-

tence plus ou moins bornée à laquelle ils
ont été destinés : l'homme au contraire a été
créé *incomplet*. Il n'a ni fourrure pour se
protéger contre les intempéries, ni armes
naturelles quelconques pour s'emparer de
sa proie et se créer un abri. Ses dents sont
faibles, ses mains faibles aussi ; ses ongles
délicats ne peuvent pas même fouiller le sol
le plus léger ; et, s'il devait rester tel qu'il
apparaît d'abord, *nu sur la terre nue*, infailli-
blement il périrait. Mais l'homme dans
cette faiblesse précisément trouve une force ;
il y trouve la nécessité de se perfectionner :
la nécessité, la faculté aussi, d'ajouter au
corps débile que lui a donné la nature des
organes plus nombreux, plus puissants,
plus parfaits que ceux qui ont été départis
par elle à aucun des animaux.

Regardez l'homme, Messieurs. Il se distingue, dans sa structure physique d'abord, par
un détail bien minime en apparence, par la
main, c'est-à-dire par le pouce ; par ce pouce
détaché qui, s'opposant librement aux autres
doigts, lui permet de prendre, de serrer ; de
quitter tour à tour les objets les plus délicats et souvent aussi les plus lourds. Il s'en

distingue surtout par l'intelligence, c'est-à-
dire par la faculté de combiner les idées et
d'imiter les faits ; par la parole, c'est-à-dire
par la faculté de s'entendre, de s'unir, de
se concerter avec ses semblables ; de penser, seul ou avec d'autres, au jour qui va
venir ; de préparer aujourd'hui le travail de
demain, et de se servir demain de ce qu'il
aura fait aujourd'hui pour accroître son travail d'après-demain. Grâce à ce pouce, grâce
à cette intelligence, grâce à cette parole,
l'homme se perfectionne. Il imite peu à peu
ce qu'il voit en la possession de ses compa-
gnons muets. A l'un il emprunte son battoir
(le battoir du castor); à l'autre il emprunte
la tarière au moyen de laquelle il perce le
bois et la pierre; à l'autre la scie, grâce à
laquelle il coupe et tranche des corps durs ;
il reproduit à son usage tout ce qui lui paraît
utile et enviable ; et peu à peu il arrive à
armer ses mains d'instruments, d'organes
nouveaux et mobiles, —d'organes qu'il peut,
à volonté, prendre, quitter et reprendre,
changeant, comme il lui convient, son attirail
selon le besoin, — d'organes plus puissants,
plus sûrs et plus variés en même temps que

ceux qui avaient été mis à la disposition des
plus favorisés parmi ses rivaux. Il aura au
bout de son bras, s'il le veut, une masse
plus puissante que le poids tout entier du
corps de l'éléphant : ce sera ce gigantesque
marteau-pilon que nous avons tous pu voir
fonctionner sous nos yeux ; qui tantôt pétrit
avec une force irrésistible d'immenses mas-
ses de fer incandescent, et tantôt, docile à la
main, c'est-à-dire à l'intelligence qui le con-
duit, brise la coque d'une noisette sans écraser l'amande. Il aura des griffes plus aiguës,
plus dures, plus terribles mille fois que
celles du tigre et du lion ; et il s'en servira,
(habituellement au moins) non pour déchi-
rer les autres animaux et ses semblables,
mais pour remuer et fouiller le sol rebelle,
pour le fertiliser, pour en tirer les richesses
qu'il recèle dans ses flancs. Il aura, enfin,
pour ajouter à ses regards, des instruments
qui lui donneront la finesse de l'œil de l'insecte perdu dans l'herbe, et lui permettront
d'observer les derniers détails des plus
petits objets ; et il en aura d'autres avec
lesquels il pourra sonder les abîmes du ciel,
et aller, par delà les espaces, découvrir

1.

les astres longtemps inconnus dont sa
pensée a pesé par avance le poids et marqué
la place.

Désormais, en un mot, l'homme ne sera
plus un animal inachevé; ce sera le maître
d'un arsenal où se trouveront rassemblés
les instruments de toute nature qui ont été
primitivement répartis entre les différentes espèces d'animaux : il aura tout,
il sera maître de tout et ne sera asservi
à rien.

Et maintenant ces instruments, ces organes, — que l'on appelle en général *supplé-
mentaires*, et qu'il faudrait, pour être juste,
appeler *complémentaires*, puisque sans eux
l'homme ne serait pas réellement complet, —
ces organes, condition nécessaire de l'existence, du développement, de la grandeur et
du progrès de l'humanité ici-bas; ces organes, est-il nécessaire de les désigner par
leur nom? ce sont des *outils*, ce sont des
machines !

On est assez habitué, vous le savez, à dis-
tinguer ces deux mots. On réserve le nom de
machines, d'une manière à peu près exclu-
sive, à ces grands et puissants instruments

que notre siècle a vus se développer si rapidement, et qui lui ont valu, de la part de quelques-uns, le nom de siècle des machines.

Comme habitude de langage, je ne voudrais pas trop combattre cette distinction, qui peut être commode dans la vie courante. Au fond cependant (à mon avis au moins), elle repose sur une erreur. Tout ce que l'homme emploie pour armer ses mains est de la même nature et mérite au même titre le nom d'auxiliaire du travail, d'outil ou de machine par conséquent. On demandait un jour à à un ouvrier anglais ce que c'était qu'une machine ; savez-vous ce qu'il répondit ? « *Les machines*, dit-il, *c'est tout ce qui, en plus des ongles et des dents, sert à l'homme pour travailler.* » La définition est claire, tout au moins ; et elle est juste aussi, j'en suis convaincu quant à moi. Il a été aussi difficile, plus difficile peut-être, à l'homme inculte des premiers âges, d'armer sa main d'une pierre et de se servir de cette pierre comme d'un marteau pour briser le fruit dont il convoitait l'amande, qu'il a pu l'être de notre temps à l'ingénieur ins-

truit par les siècles et les siècles, de combi-
nér et d'ajuster ce gigantesque broyeur que
je nommais tout à l'heure : le marteau-pilon.
Il a fallu autant de talent, de persévérance,
de patience au premier sauvage qui a eu
l'idée de placer un caillou sur une fronde et
de s'en servir pour atteindre le but à distance, qu'il en a fallu de nos jours aux in-
venteurs de ces systèmes de projectiles perfectionnés par lesquels nous avons porté si
loin l'art redoutable de détruire. Il a fallu
autant de génie pour inventer un arc, un
filet grossier pour la pêche ou la chasse des
animaux sauvages, qu'il en a pu falloir de
notre temps pour réaliser les plus merveilleuses et les plus bienfaisantes inventions
dont se glorifie à juste titre le siècle dans
lequel nous vivons.

En fait de procédés et d'instruments de
travail, en un mot, pas de différence, si ce
n'est du plus au moins, de l'imperfection à
la perfection. La première épine qui a servi
à coudre quelques peaux pour envelopper la
jambe du sauvage et l'empêcher de se bles-
ser dans les ronces a été une invention aussi
ingénieuse et aussi méritoire pour le moins

que le peut être à cette heure la couseuse
mécanique, que le sera demain la couseuse
à vapeur.

Ainsi, Messieurs, n'équivoquons pas sur
les termes; ne nous laissons pas aveugler
par les impressions du moment. Tout ce qui
sert à l'homme pour travailler est de même
ordre : tout cela est outil, soit; mais tout
cela est machine, et mérite le nom de machine.

A coup sûr, ça a été une grande révolu-
tion pour nos contemporains que l'invention
de la vapeur, que celle de l'électricité, que
l'introduction dans l'industrie de ces métiers
qui font seuls ou presque seuls l'ouvrage de
centaines de fileurs et de tisserands d'autrefois. Mais croyez-vous, par hasard, que l'invention de la première bêche avec laquelle
on a soulevé énergiquement le sol, que l'invention du premier soc de charrue avec lequel on a tracé un sillon pour y mettre plus
régulièrement et plus facilement le grain,
n'aient pas été des révolutions aussi considérables, aussi inattendues, aussi extraordi-
naires pour les générations qui ont vu surgir
ces nouveautés; et qu'elles n'aient pas mo-

difié aussi puissamment les conditions anté-
rieures du travail que ces grandes décou-
vertes modernes ?

Oui, tout est machine, tout est progrès ;
et la vie humaine ne se soutient, ne se pro-
longe, ne s'agrandit qu'à mesure que
l'homme, armant successivement toutes les
faiblesses de son corps, parvient à faire travailler davantage pour son usage là nature
d'abord rebelle, mais peu à peu domptée et
asservie avec ses propres forces.

Quelle est, Messieurs, quelle peut être la
proportion du bénéfice ainsi réalisé par
l'homme au moyen de ces armes qu'il ajoute
à ses faibles organes ?

Il serait véritablement impossible de le
déterminer exactement ; et je n'essaierai pas
de vous le dire. Pour calculer la différence
entre l'homme dépourvu de tout organe ad-
ditionnel et l'homme pourvu des instruments dont nous jouissons, il faudrait avoir
vu un homme qui fût véritablement réduit
au dénûment primitif de l'état de nature
proprement dit. Or, un pareil homme, on
peut le supposer, on ne peut le voir ; et par
une raison sans réplique, c'est qu'il n'existe

pas, qu'il ne peut pas exister. Entre l'état des plus arriérées parmi les peuplades sauvages, et cet état de dénûment absolu de l'homme primitif, il y a un abîme immense, incommensurable; il y a la distance entre quelque chose et rien.

Ce que nous pouvons mesurer ou du moins indiquer, c'est quelques-uns des pas qui, depuis une période que l'histoire nous permet de considérer comme certaine, ont pu être accomplis par l'humanité, grâce à l'invention et aux progrès des instruments les plus vulgaires.

Ainsi, il y a une industrie que nous connaissons tous, et pour cause; c'est l'industrie de la minoterie, l'industrie de la fabrication de la farine qui devient notre pain.

Assurément, c'est une chose qui nous paraît à tous très-simple aujourd'hui, que d'écraser le grain entre deux meules tournantes afin de le réduire en poudre, et de nettoyer ensuite cette poudre de ses impuretés afin de n'en consommer que la partie saine et agréable. Cette chose simple pourtant est réellement de date récente; et, dans

l'antiquité, don Quichotte n'aurait pas trouvé
à se battre avec les moulins. Dans l'antiquité, c'est-à-dire chez les peuples qui ont
laissé dans l'histoire la plus grande trace,
chez les Romains, chez les Grecs, la meule,
quand il y en avait, n'était mue ni par le
vent ni par l'eau (je ne parle pas de la vapeur); c'était un animal et plus souvent un
homme, un esclave, qui la tournait. Souvent, bien souvent, on écrasait tout simple-
ment le grain entre deux pierres. Aujour-
d'hui, chez bien des peuples qui ne sont
pas au dernier rang de la civilisation, dans
la haute Égypte, en Algérie, chez les Arabes,
et même dans quelques îles du nord de
l'Europe, c'est encore ainsi parfois que le
blé est écrasé. Ce sont des femmes, — car au
début c'est sur les femmes que retombent les
plus rudes tâches, — ce sont des femmes, habituellement, qui frottent, aussi énergiquement qu'elles le peuvent, deux pierres l'une
sur l'autre, ou qui, dans un mortier grossier, pilent le grain afin d'en faire une farine non moins grossière.

C'est ainsi notamment, c'est par ce pro-
cédé primitif, que se préparait la farine qui

servait à la nourriture des habitants du palais de ce roi fameux de la Grèce que l'on appelait le sage Ulysse. Dans le palais d'Ulysse (il est vrai que ce palais était une baraque), dans ce palais, si nous en croyons les récits du vieil Homère, douze femmes, douze esclaves, étaient occupées incessamment à préparer entre deux pierres le grain nécessaire à la consommation des habitants du palais. On exagère probablement beaucoup en admettant qu'elles en faisaient ainsi chacune pour vingt ou trente personnes. Et probablement aussi elles n'y goûtaient guère. Allez aujourd'hui dans un de ces moulins perfectionnés que nous n'aurions pas à chercher loin d'ici, dans un de ces moulins où, par une heureuse application de la mécanique, le montage, le broyage, le blutage et l'ensachage se font pour ainsi dire tout seuls; et vous verrez, grâce à cette utilisation constante des forces de la nature, un seul homme fabriquer en farine excellente de quoi fournir à la nourriture de cent cinquante fois plus de personnes. C'est-à-dire qu'il peut, à lui seul, préparer la nourriture de quatre à cinq mille de ses semblables. C'est-

à-dire qu'il serait plus facile aujourd'hui,
avec l'aide de l'industrie, de nourrir conve-
nablement une armée de cinquante mille
hommes, qu'il ne pouvait l'être autrefois de
nourrir la petite cour du roi d'Ithaque. Et
n'oubliez pas, Messieurs, que ces malheu-
reuses femmes qui étaient employées à ce
dur labeur, étaient des esclaves; qu'elles ac-
complissaient péniblement une tâche rude;
qu'elles goûtaient à peine, quand elles y
goûtaient, à cette farine grossière sortie de
leurs mains; tandis qu'aujourd'hui un gar-
çon meunier est un homme libre, habituellement bien vêtu et bien nourri, qui ne
souffre pas de la faim et qui reçoit largement
sa part des produits de première qualité
dont il dirige la production.

Le fer, dont nous avons tous besoin tous
les jours; le fer, sur l'emploi duquel on a
pu dire que se mesure l'état de la civilisation, car il est à proprement parler l'arme
du travail; le fer se fabriquait autrefois
dans de petits fourneaux mal établis, à la
quantité de cinq à six kilogrammes par
homme et par jour. Aujourd'hui l'on en ob-
tient, dans les hauts fourneaux, au moins cent

cinquante kilogrammes. Et ce n'est pas seulement du fer grossier, du fer brut ; c'est bien souvent, dès le premier jet, grâce à de récents perfectionnements, du fer de premier choix, de l'acier même, de l'acier fondu, de cet acier dont on dit avec raison qu'il est le tranchant même de la main humaine.

Et il en est ainsi de toutes les industries ; il en est ainsi notamment de cette grande industrie des chemins de fer, que nous avons vu naître de nos jours au milieu de l'incrédulité.

Comment ont commencé les transports? Nous le savons tous. Un homme, un colporteur, le cou tendu sous la charge comme le dit son nom, allait péniblement, à pied, à travers les bois et les fondrières. Il allait à petites journées, parce que la journée était rude et que les routes étaient mauvaises ou nulles. Il faisait cinq à six lieues par jour au plus, et il ne portait qu'une petite charge, vingt-cinq ou trente kilogrammes peut-être, parce que l'homme est faible.

A l'un de ces colporteurs, plus faible que d'autres peut-être, ou usé par les années, un jour l'idée est venue de charger de son

fardeau un animal (une machine vivante);
et du même coup l'homme a été déchargé.
L'animal, plus fort et plus vigoureux, a porté
dix fois plus que la bête de somme humaine
ne pouvait le faire; et il a fait plus de che-
min.

Grâce à cette innovation utile à tous, le
transport des marchandises a pris de l'exten-
sion; il s'est fait à des conditions moins
onéreuses; le nombre de ceux qui en ont pu
acheter s'est augmenté; et ils ont été mieux
servis en même temps que se développait
l'industrie qui les servait. Puis un nouveau
progrès s'est fait. Pour laisser un passage plus
libre aux animaux et aux hommes plus fré-
quemment en mouvement, on a accru et amé-
lioré les routes; et sur ces routes, machines
elles-mêmes (machines fixes), on a installé
des machines roulantes, des voitures grâce
auxquelles l'animal qui tout à l'heure avait
la charge sur le dos n'a plus eu qu'à la traî-
ner. Et l'animal a transporté ainsi un poids
beaucoup plus considérable, deux mille kilos
environ au lieu de deux cents. Sur ces routes,
enfin, ou sur d'autres tracées à côté d'elles, on
a eu l'idée de placer des surfaces unies et résis-

tantes, des bandes de fer ; et sur ces bandes de fer, de faire rouler, à l'aide de roues préparées exprès, de nouvelles sortes de voitures. A ces voitures nouvelles on a attaché d'abord la vieille machine vivante, le cheval, et on a encore traîné des fardeaux plusieurs fois plus considérables. Puis à ce cheval vivant on a substitué un cheval artificiel, un cheval de fer animé par le feu, la locomotive à vapeur ; et ce coursier enflammé, qui ne pèse pas moins de cinquante à soixante mille kilos, a traîné derrière lui de longues files de wagons chargés tantôt de marchandises pour le service des hommes, tantôt d'hommes qui ont besoin de se déplacer et qui se déplacent. Et à mesure qu'un pas a été réalisé pour la facilité des communications, pour la distribution des marchandises, des subsistances qui permettent de satisfaire les besoins de la vie, à mesure aussi la vie est devenue non pas parfaite, non pas ce que nous souhaiterions tous qu'elle devînt, mais moins précaire et moins difficile. Et tantôt l'on a pu aller chercher plus facilement les subsistances dont on a besoin, et tantôt le travail nécessaire pour se procurer ces subsistances. On a épargné le temps, on a agrandi la vie.

C'est trop peu dire, Messieurs : dans bien des cas, cette facilité des communications ne représente pas seulement la vie épargnée, la vie allongée ; elle représente la vie substituée à la mort. On estime, par exemple, que, dans l'état actuel des choses, les chemins de fer de France économisent sept à huit cents millions par an sur le transport des marchandises, soixante à quatre-vingt millions sur le transport des hommes ; et l'on ajoute surtout qu'ils économisent vingt-cinq ou trente millions d'heures sur la perte de temps des hommes qui ont besoin de se déplacer. Faites, je vous prie, le calcul de ces vingt-cinq à trente millions d'heures ? Rappelez-vous que la journée de travail se compose d'à peu près dix heures utilement et efficacement employées ; qu'il y a, à trois cents jours de travail, à peu près trois mille heures de travail dans l'année, en sorte que l'existence d'un homme, au point de vue du travail, se réduit, pour une année, à peu près à ce chiffre d'heures ; faites le calcul, encore une fois, et vous trouverez que ces vingt-

cinq à trente millions d'heures épargnées re-
présentent pour la population française l'équi-
valent de huit à neuf cent mille existences,
d'un million peut-être, utilement employées
depuis le premier jour de l'année jusqu'au
dernier.

C'est donc un million d'existences, d'existences laborieuses mises bout à bout, qui auraient été dépensées en pure perte, et qui,
par la facilité plus grande des communications, se trouvent ajoutées à l'effectif utile
de la nation.

Ou bien c'est la récolte qui vient à manquer ; c'est une année calamiteuse comme
l'année désastreuse de 1861, comme celle-
ci, hélas! qui se présente. Et alors il faut
absolument, sous peine de mourir de faim,
faire venir de loin les subsistances qu'on n'a
pas sous la main.

Que faisait-on autrefois, alors que les
moyens de transport étaient difficiles, étaient
rares, disons plus, n'existaient guère? Que
faisait-on, lorsqu'une mauvaise récolte venait
s'abattre sur un canton? Ce qu'on faisait?
On souffrait ; et lorsqu'on avait souffert
plus ou moins longtemps, on mourait;

on mourait de faim, à la lettre. — La mort
de faim, Messieurs, ce n'est plus, Dieu
merci, au temps où nous vivons, qu'une
rare et cruelle extrémité ; et si beaucoup
encore sont imparfaitement nourris, ce n'est
que par exception, nous le savons tous, et
faute d'avoir été connue, que la misère la
plus entière peut amener la privation absolue de nourriture. Mais aux siècles qui nous
ont précédés, ce n'était pas une exception,
une rareté, le suprême degré du plus absolu
dénûment. La mort de faim, au siècle dernier, au siècle avant-dernier, — en ces temps
où la brillante cour de Louis XIV éblouis-
sait l'Europe de ses magnificences et de ses
splendeurs, — la mort de faim, en ces temps,
est une chose que toutes les générations con-
naissent, une chose qui frappe souvent
jusqu'aux classes les plus élevées de la so-
ciété. Il y a tel hiver, l'hiver de 1709 par
exemple, à la suite duquel on voit la femme
du grand roi, Mme de Maintenon, réduite à
manger du pain d'avoine au milieu des
pompes de Versailles. Que pouvaient faire
pendant ce temps les paysans? Les paysans,
ils broutaient l'herbe comme des moutons ;

ils dévoraient l'écorce des arbres ; ils arrachaient les racines sauvages des prés et des bois : et quand ils avaient fini de brouter l'herbe et de se repaître de l'écorce des arbres, ils allaient, comme des insensés, dévorer les blés qui n'étaient pas encore mûrs, et mouraient de cette alimentation funeste en préparant à ceux qui venaient après eux une nouvelle famine.

Et cela arrivait, non pas une fois en un siècle, mais dix, mais vingt, mais cinquante fois et davantage. Cela arrivait ainsi non pas toujours, sans doute, sur toute la surface du pays à la fois, mais tantôt dans un canton, et tantôt dans un autre ; car d'une province à une autre il n'y avait pas d'assistance possible. Dans telle localité on donnait le grain aux animaux, parce qu'on n'en savait que faire ; et à quelques lieues de là, derrière un fleuve ou une montagne qu'on ne pouvait franchir, derrière un marécage qui n'avait pas été assaini et traversé par une route, les hommes que ce grain aurait pu sauver périssaient d'inanition par centaines et par milliers. On les trouvait à tout instant noirs et livides sur les routes, au bord des ri-

vières, partout où l'on pouvait espérer ren-
contrer le passage d'une voiture ou d'un ba-
teau de blé. Quelquefois ils allaient jusqu'à
déterrer les morts pour s'en repaître ; l'on
voyait des mères essayer d'apaiser leur faim
en dévorant le cadavre de leurs enfants morts
à leur sein tari; on cite même des cas où
la chair humaine fut mise ouvertement en
vente sur le marché : tant l'horreur du
fléau avait triomphé des répugnances et des
sentiments les plus vivaces du cœur humain !

Et ces choses, Messieurs, une partie d'entre elles au moins se passaient il y a deux
cents ans à peine, dans la grande famine de
1663. Elles se passaient en 1709. Elles se
passaient encore, quoique sur une moindre
échelle, en 1770, alors que Turgot, le plus
grand homme peut-être du siècle dernier en
France, faisait des prodiges de charité, d'intelligence et d'administration pour sauver la
province qui lui était confiée, et malgré ses
efforts et son énergie n'arrivait qu'à atténuer,
non à conjurer, le fléau qui s'était abattu sur
cette province. Quel contraste avec la situa-
tion d'aujourd'hui !

Aujourd'hui, d'abord, la France s'est habituée à manger, en temps ordinaire, le double et plus du double de ce qu'elle mangeait il y a cent ans : elle consomme de quatre-vingt-dix à cent millions d'hectolitres de blé, tandis qu'alors elle n'en consommait que quarante-cinq millions. Encore faut-il dire que l'on confondait alors, sous le nom commun de blé, toutes les céréales, le seigle, et même l'orge et l'avoine. La France, dis-je, s'est habituée à des exigences plus grandes, et elle a eu raison ; car il s'en faut, quoi qu'on en dise, qu'il n'y ait plus rien à désirer pour elle sous le rapport de la production. Eh bien ! la France, ainsi devenue plus exigeante, peut manquer, sur cette consommation habituelle, de dix, de douze, de quinze millions d'hectolitres et plus, et grâce aux machines, aux chemins de fer, aux navires à vapeur, grâce aux télégraphes qui donnent les ordres sur la surface entière du globe, le commerce fera venir pour elle, au jour du besoin, ces dix, ces douze, ces quinze, ces vingt millions d'hectolitres de grains. On les paiera plus cher, c'est évident ; il faut bien que les transports soient

payés, que les commerçants soient payés,
que les chemins de fer et les navires à vapeur
soient payés. Mais on les paiera infiniment
moins cher qu'on ne les payait même au
commencement de ce siècle, alors qu'on en
manquait. Et en les payant un peu plus
cher, du moins on n'en manquera pas. Je ne
dis pas, assurément : nous ne souffrirons pas ;
mais je dis : nous souffrirons relativement
beaucoup moins, et nous souffrirons de
moins en moins à mesure que se perfection-
neront les moyens de communication et de
transport.

Voilà, Messieurs, comment les développe-
ments de la science se traduisent dans l'industrie humaine par la création de ces machines, de ces ressources de toute nature,
que j'indique trop rapidement ; et comment
ces machines, ces ressources, ces instruments
assurent à l'humanité les moyens de subsister et de grandir.

Je pourrais prolonger ces exemples jusqu'à satiété. Je pourrais, après l'élément
principal de la subsistance, après le grain,
vous montrer des objets d'une autre nature :
les étoffes multipliées par les métiers, et à

mesure qu'elles se multiplient, non-seulement devenant plus abondantes, mais arri-
vant à meilleur prix à toutes les mains ; si
bien que ce qui, sous Louis XV, était la pa-
rure d'une duchesse, une robe d'indienne,
est devenu la robe de l'ouvrière, et que le
luxe de l'homme qui possédait une véritable
aisance, — un habit de drap, — est aujour-
d'hui une chose accessible presque à tout le
monde et dont bien peu se privent en effet,
au moins les jours où le travail n'exige pas
un autre costume.

Je pourrais prendre des objets de bien
peu d'importance en apparence, mais d'une
nécessité bien grande cependant. Les boutons étaient autrefois des objets rares, des
objets chers ; la fabrication en était réglée
par des lois qui ne condamnaient pas à
moins de cinq cents livres d'amende, plus
la marque sur le front, celui qui s'était
permis d'en faire d'un autre modèle que les
modèles admis par les règlements de la corpo-
ration. D'autres modèles ont été créés, d'autres matières employées, et les boutons sont
fabriqués par milliers, non, par millions, à
des conditions de bon marché prodigieuses.

Dans l'établissement de M. Bapterosse, par exemple, le créateur des boutons en porcelaine, on est arrivé à les produire à soixante-quinze centimes la masse : *la masse*, autrement dit la douzaine de grosses, autrement dit encore *les cent quarante-quatre douzaines*. Voyez ce que coûte un bouton. Je pourrais vous montrer encore, quoi ? les plumes de fer, cet objet si peu important en apparence et sans lequel pourtant il eût été impossible de trouver assez d'oies pour subvenir à la consommation de plumes qu'exige heureusement la diffusion croissante de l'instruction ; les plumes de fer qui, pour une somme insignifiante, viennent mettre entre les mains du dernier d'entre nous l'instrument, l'outil, la machine indispensable pour fixer sur le papier ces notions, ces comptes, ces pensées qui doivent être conservés, transmis, recueillis parfois par ceux qui nous sont chers.

Et les allumettes chimiques, qui mettent la lumière et le feu dans toutes les mains ; et tant d'autres choses dont nous jouissons à toute heure sans y penser ! Ce ne sont que des détails dans l'existence, c'est possible ;

mais c'est de pareils détails que se trouve
formée au bout du compte l'amélioration
croissante de la vie pour chacun de nous.
C'est grâce à ces détails que nous commen-
çons, sans toutefois y être encore assez par-
venus, à avoir des loisirs pour d'autres pensées, pour d'autres travaux que ceux du jour
présent; que nous pouvons peu à peu nous
élever de la tâche purement manuelle à des
tâches plus intelligentes; que, nos premiers
besoins une fois satisfaits, quelques heures,
quelques journées nous restent pour la cul-
ture de notre esprit, de notre âme, de nos
sentiments moraux, pour la famille, pour
tout ce qui fait l'homme en un mot; et que
le métier n'est plus toute la vie, quoiqu'il
en soit souvent une trop grande partie. Tout
cela, Messieurs, oui, tout cela est dû au
perfectionnement de la mécanique, de la
science, aux outils, aux machines, aux amé-
liorations permises et commandées par l'industrie.

Et cependant, Messieurs, vous le savez, il
ne manque pas d'accusations contre les machines, et il ne faudrait pas malheureuse-
ment remonter bien haut pour en constater

avec douleur les tristes effets. Oui, au fond
de bien des cœurs, de bien des esprits, il
subsiste contre les machines des préjugés,
des rancunes qui se traduisent trop souvent
par des actes regrettables, des actes de violence dont les conséquences sont particu-
lièrement tristes pour ceux qui se laissent
entraîner à les commettre. Il n'y a pas bien
longtemps encore que le bris des métiers,
que le sac des ateliers, que l'incendie
quelquefois étaient choses à redouter pour
tous ceux qui essayaient d'introduire un progrès de quelque importance dans l'industrie.
Que dis-je? il y a quelques mois à peine que
nous avons vu, sur un point de la France,
ces sentiments se produire par un emporte-
ment irréfléchi, dont le premier effet a été
de briser précisément le gagne-pain de ceux
qui se révoltaient contre un changement
dans la condition de leur travail.

A cet égard, Messieurs, et malgré ces pénibles souvenirs, assurément de grands progrès ont eu lieu dans les esprits; assurément
il ne subsiste plus, à vrai dire, de haine ré-
fléchie contre l'industrie et la mécanique;
assurément nous sentons tous, en présence

de ces merveilles qu'étale par exemple sous
nos yeux le magnifique spectacle de l'Expo-
sition universelle, qu'il y a là un véritable
témoignage de la grandeur intellectuelle et
de la grandeur morale de l'homme ; et nous
ne pouvons, au milieu de ces merveilles,
après nous être sentis petits au premier moment, nous empêcher de nous dire en nous
relevant l'instant d'après : « Tout cela c'est
le témoignage de notre grandeur. Nous
sommes plus grands que tout cela, puisque
tout cela c'est nous qui l'avons fait, qui le
dirigeons et qui le maîtrisons. » Oui, ces
sentiments, je le répète, se développent, ils
deviennent généraux ; et parmi les ouvriers
intelligents ils prédominent de plus en plus.
Mais il reste cependant, il reste dans bien
des cas, à la première apparition d'une machine nouvelle, d'un perfectionnement nouveau, — et cela non-seulement chez les
hommes que le travail des mains prive trop
souvent du temps et du loisir d'étudier et de
réfléchir, mais aussi chez des hommes qui
ont passé leur vie à réfléchir, — des craintes
et des rancunes contre les machines. Il n'est
pas rare d'entendre dire : « Ces machines

vont nous enlever notre travail, avec notre travail, notre salaire, et avec notre salaire notre pain. » Et passant d'une observation particulière, qui peut être vraie un jour et sur un point, à une sorte de généralisation, de conclusion universelle qui devient fausse en devenant absolue, il n'est pas rare que l'on aille jusqu'à dire : « Les machines sont la malédiction de l'ouvrier ; elles lui enlèvent son travail, son salaire, son pain. »

. . Voyons pourtant, Messieurs ; est-ce qu'il ne suffit pas de réfléchir un moment pour comprendre combien, ainsi généralisée, cette idée est fausse?, S'il est vrai que le propre de toute machine soit de faire plus que ne faisait le travail de l'homme avant la machine ; s'il est vrai que la raison qui détermine à adopter une machine nouvelle ; c'est que cette machine fait plus d'ouvrage, ou le fait mieux, ou le fait à meilleur marché ; il est parfaitement évident que si vous mettez côte à côte tous les progrès obtenus au moyen du perfectionnement de la mécanique, le résultat sera une augmentation de production, de bien-être, de salaire, de travail pour l'humanité tout entière. La civi-

lisation n'est pas autre chose ; c'est la somme
de tous ces progrès. Oh! je suis loin de le
contester (il ne faut pas gâter les bonnes
causes en les exagérant par un optimisme
prémédité), l'amélioration n'est pas absolue
et sans mélange. Il peut se faire qu'un métier introduit dans un atelier diminue *dans cet
atelier* le nombre des hommes exigé pour la
production qui s'y faisait jusqu'alors : il peut
se faire que momentanément, pour un cer-
tain nombre d'hommes et sur un point
donné, le progrès, sans cesser d'être un progrès véritable et nécessaire, soit douloureux à
supporter ; qu'il y ait une transition difficile. Il a pu se faire, le jour où l'on a inventé la charrue, qu'une partie des hommes
qui se servaient de la bêche aient été momentanément privés de l'emploi de leurs bêches,
encore bien que derrière la charrue se soit
développé le labourage à la bêche, pour faire
un autre genre de travail, le travail du jar-
dinage. C'est possible, et pourtant sa
charrue l'homme n'aurait pas la qu
de grain qu'il a sous la main. Il
pas davantage la quantité d'étoffes et
qu'il a sans les métiers de toute nature. Sans

les machines il n'aurait pas ce que fabriquent ces machines. C'est-à-dire que, si l'homme se privait successivement des différentes inventions qui ont augmenté le rendement du travail humain, l'homme rétrograderait à mesure vers l'état de l'animal sauvage, de l'homme primitif dépourvu de toute espèce de ressources. Il retournerait à l'état de la bête, et de la bête désarmée. Oui ! encore une fois tout progrès est réalisé à des conditions difficiles ; tout progrès se paie, tout progrès s'achète : il n'en est pas moins vrai que le progrès est nécessaire ; que la marche en avant est la condition de notre race ; et que nous ne pouvons pas nous arrêter, sous peine de souffrir cent fois davantage.

Lorsque, par exemple, je vois arriver un métier à filer qui va fournir en quelques heures le travail que faisait en un grand nombre de journées l'ancienne fileuse à la main, je ne puis faire autrement que de m'apitoyer profondément sur le sort qui menace cette malheureuse femme qui ne savait pas faire autre chose peut-être. Lorsque je vois un malheureux tisserand, s'il ne sait pas se

plier à la manœuvre d'un métier mécanique,
obligé de subir des réductions de salaire
vraiment cruelles, et d'abandonner enfin le
seul travail qu'il sache faire ; oh ! je le plains,
et je le plains du fond du cœur. Mais en
même temps je réfléchis et je lui dis : « Tu
n'es pas seul au monde ; et si l'on ne per-
fectionnait pas les métiers, si l'on ne faisait
pas plus de fils, si l'on ne faisait plus d'é-
toffes, tes semblables auraient moins de fils
et d'étoffes. » Je lui dis aussi : « Cette invention qui te blesse, elle n'est pas la seule qui
te touche. Si l'on n'avait pas inventé la
charrue pour te procurer le pain, les moulins pour fabriquer les farines, les instruments de toute nature pour élever et orner ta
demeure ; si l'on n'avait pas le moyen
de te bâtir une cabane et de te donner des
ustensiles et des outils de toutes sortes, jusqu'à cette paire de sabots qui, elle-même,
est le produit de mécaniques et de machines
qui ont été à leur époque aussi merveilleuses
peut-être que celles que nous voyons aujourd'hui ; si tout cela n'avait été créé pour
toi, que serais-tu toi-même ? Que serais-tu
si l'on n'avait pas inventé autrefois cette ma-

chine, alors merveilleuse et compliquée, qui
s'appelle la tisseuse à la main, ou même le
simple rouet à filer et la simple quenouille? »
C'est-à-dire, en d'autres termes, que le progrès nous atteint, qu'il nous blesse quelquefois, par un côté, mais qu'il nous sert par
mille. C'est-à-dire que s'il nous frappe dans
les objets que nous produisons, il nous sert
à toute heure dans les objets que nous con-
sommons, et que nous nous procurons en
échange de notre travail. Et quand je parle
ainsi, Messieurs, je fais, croyez-le bien, la
part aussi grande que possible à l'objection ;
car je pourrais, comme on le fait d'ordinaire,
me contenter de vous dire que l'effet de la
machine est d'accroître le travail, et ce travail même qu'il semble atteindre directe-
ment. Je pourrais vous le dire, et cela est
vrai le plus souvent. Mais cela n'est pas
vrai toujours, et c'est assez pour que je n'aie
voulu ni me borner à cela ni commencer par
là. Cependant, je le répète, cela est vrai souvent, très-souvent ; et l'extrémité doulou-
reuse que je viens de rappeler n'est que
l'exception. Ainsi autrefois on ne connaissait
pas cet art merveilleux qui s'appelle l'im-

primerie. Quand on voulait un livre, c'est-
à-dire un manuscrit, une représentation des
idées et de la parole d'un homme, il fallait
passer de longues heures, la plume à la
main, à copier cette parole. Ce manuscrit,
par suite, était une chose rare ; et une Bible,
la plus simple Bible, représentait un capital
de cinq ou six cents livres de l'époque, davantage peut-être. Il n'y avait donc qu'un très-
petit nombre d'hommes, les plus riches, les
plus instruits, et quelquefois les plus vani·
teux, qui se pussent passer le luxe d'avoir chez
eux, non pas une bibliothèque, mais quel
ques-uns áu moins de ces rares et précieux
manuscrits. Est venue la découverte de l'imprimerie, en d'autres termes, du moyen de
reproduire mécaniquement, et en grand
nombre, les signes de la pensée humaine :
et il a semblé que le travail de reproduire
la pensée humaine, ainsi simplifié, était un
travail perdu ; que, puisqu'il était si facile
de fixer ces signes indéfiniment sur le papier,
il ne faudrait plus qu'un bien petit nombre
d'hommes pour produire aux yeux de leurs
semblables la pensée des autres. Qu'est-il
arrivé, cependant ? Il est arrivé que les be-

soins sont élastiques; et que tous, tant que
nous sommes, jusqu'au plus riche, jusqu'au
mieux pourvu, jusqu'au plus instruit, nous
avons des besoins qui ne sont pas satisfaits.
Et en parlant ainsi, je ne parle pas seulement des besoins factices, des besoins de
vanité ou de luxe; je parle des besoins sé-
rieux, honnêtes, avouables. Non, aucun de
nous n'est arrivé à développer sa personne
autant qu'il est permis et désirable de le
faire. Et lorsque les prix s'abaissent, lorsqu'il devient moins difficile de satisfaire un
besoin, des hommes qui ne le satisfaisaient
pas, qui ne le connaissaient pas, qui ne le
soupçonnaient pas, le soupçonnent, le con-
naissent, l'éprouvent et bientôt le satisfont.
C'est ainsi que les livres se sont répandus et
sont arrivés de proche en proche à peu près
dans toutes les mains; qu'ils y arrivent au
moins de nos jours: et qu'il a fallu pour cet
art nouveau de l'imprimerie (et grâce à cet
art nouveau), des milliers et des milliers de
fois plus d'hommes qu'il n'en fallait pour
l'art imparfait du copiste. Plus d'hommes
ont été occupés et plus de besoins ont été satisfaits. Ce n'est pas ainsi toujours, je le ré-

pète, — car je ne veux pas d'équivoque sur ma pensée, — mais c'est ainsi très-souvent ; et lorsque ce n'est pas ainsi, le travail qui diminue, parce qu'en présence d'une industrie perfectionnée il n'est plus nécessaire, se trouve disponible, et en même temps que lui se trouve aussi disponible pour satisfaire à d'autres besoins de l'humanité le salaire qui le rémunérait. S'il arrivait qu'on employât moins d'hommes pour faire des livres, parce que l'imprimerie aurait trouvé le moyen de satisfaire ce besoin avec la rapidité du désir, eh bien ! ces hommes satisferaient d'autres besoins qui ne sont pas satisfaits aujourd'hui ; car le travail que suppriment les machines n'est pas du travail rendu impossible, le salaire qu'il ne reçoit plus n'est pas un capital détruit : c'est du travail, du salaire et du capital rendus disponibles.

Précisons. Un homme occupait dix ouvriers. Grâce à un perfectionnement de la mécanique, je suppose qu'il n'en occupe plus que cinq : il a, il est vrai, cinq ouvriers disponibles, mais il a aussi le salaire de cinq ouvriers disponible, et ce n'est pas l'habitude du capital, de nos jours surtout, de rester

3.

oisif pour le plaisir de rester oisif. Le capital
est, lui aussi, un ouvrier qui a besoin de son
salaire pour vivre, et qui, lorsqu'il ne trouve
pas à s'occuper, s'use, se consomme et se
fond.dans les mains de celui qui le possède.
Le capital a besoin du travail, comme le travail a besoin du capital. Ainsi peu à peu, et
nécessairement, le travail disponible et le salaire disponible se rencontrent. L'humanité
fait autre chose; elle fait davantage; elle fait
mieux. C'est donc tout bénéfice en définitive. Il n'y a qu'une chose vraie, une chose
qu'il ne faut pas cacher ; c'est que le temps
nécessaire pour que le travail disponible et
le salaire disponible se rencontrent est quelquefois un temps d'épreuve, qu'il est quelquefois doulouréux à passer, et qu'en toutes
choses la transition est difficile.

Un homme que l'on peut appeler sage
entre les sages, Benjamin Franklin, disait
autrefois que plusieurs déménagements valent un incendie.

Je ne vous dirai pas que les progrès de
l'industrie soient précisément des déménagements, parce qu'en général ils s'accom-
plissent graduellement ; parce que d'ordi-

naire c'est peu à peu que les hommes et les
choses se transforment : mais il y a des cas
où le changement est brusque ; et il serait
injuste, il serait excessif de nier qu'il n'y ait
là quelque chose d'analogue à ce qu'on peut
appeler un déménagement de l'industrie. Il
y a là un moment souvent difficile à passer,
il y a une crise. Seulement, comme il faut
être équitable avec tout le monde ; comme il
ne faut pas plus méconnaître les souffrances
des uns que celles des autres ; vous m'accorderez bien que le chef d'atelier, que le capitaliste qui se trouve en face d'un perfectionnement qui vient changer son industrie, a,
lui aussi, un moment difficile et quelquefois
rude à passer. Vous m'accorderez bien que
des différences de quelques centimes sur le
prix de revient d'une marchandise qui se
fabrique en gros sont quelquefois la fortune,
mais quelquefois aussi la ruine du fabricant :
si bien que l'industriel, l'entrepreneur, le
capitaliste a un intérêt immense, un intérêt
pour ainsi dire de vie ou de mort, à se tenir
toujours au niveau du progrès, à ne jamais
changer trop vite, mais à ne jamais changer
trop tard, à changer peu à peu enfin, comme

3..

change le corps humain, tous les jours, sans
maladie le plus souvent et sans crise, au lieu
d'attendre que, dépassé par le progrès, il
soit ou renversé ou obligé de faire un effort
désespéré pour se maintenir debout.

Vous le voyez donc, Messieurs, l'intérêt
de tout le monde est de progresser et de perfectionner tous les jours, au lieu de marcher
par soubresauts. Or plus l'intelligence se ré-
pandra, plus l'instruction sera générale, plus
l'homme aura de ressources, plus le travail
produira de manière à permettre à celui qui
travaille d'épargner, de s'instruire, de se
préparer à changer, au besoin, de métier et
de profession, en cultivant son esprit et son
intelligence ; plus il sera possible de s'ap-
puyer les uns sur les autres par l'assurance
mutuelle, par les sociétés de toute nature,
par les caisses de retraite, par toutes ces
choses si nouvelles encore aujourd'hui, et
qui, cependant, ont déjà fait tant de bien ;
plus il sera possible à l'homme de changer
de place, de lieu, d'industrie, grâce à la facilité des communications, à la commodité
des transports, à la rapidité des renseigne-
ments et à la possibilité de savoir où le tra-

vail est demandé et de s'y porter;... plus toutes
ces choses iront en se développant, et plus
aussi nous aurons de moyen d'amortir, d'atténuer, de rendre moins douloureux ce changement qui, en définitive, est la loi com-
mune de l'humanité et de tous les membres
de l'humanité.

N'ayons donc pas peur du progrès, Messieurs, demandons au contraire que le progrès soit continu afin qu'il ne soit pas brusque
et violent ; et tâchons d'arriver à ce but par
l'intelligence de tous, par le respect mutuel
de tous pour tous, par le bon accord et l'har-
monie de tous les organes du corps social
que nous constituons comme les membres
constituent le corps humain. Tâchons, par
toutes ces qualités, par toutes ces vertus,
par cette paix et ce bien-être croissants,
de mériter que le progrès ne soit plus pour
nous que comme un aiguillon nécessaire
qui nous pousse incessamment en avant,
en nous faisant sentir que nous ne sommes
jamais arrivés à la perfection à laquelle
nous devons tendre. Tâchons de faire cela,
et alors nous n'aurons pas à redouter la con-
currence des machines ; nous aurons au

contraire à nous féliciter de leur assistance :
nous reconnaîtrons alors que les machines
mettent de plus en plus l'homme en rapport
et en communication avec l'homme, et
qu'elles égalisent de plus en plus les hommes
en les élevant au-dessus de la nature; car
devant tous ces obstacles vaincus, devant
toutes ces conquêtes réalisées, sachons le
dire, Messieurs, tous les hommes .sont
égaux.

Est-ce que nous ne sommes pas égaux devant les distances franchies avec la même
rapidité par le pauvre et par le riche, grâce
à la vapeur qui nous emporte tous ensemble
dans le même train? Est-ce que nous ne
sommes pas égaux devant cet obstacle de la
distance, qui jadis, difficile à surmonter
pour quelques-uns, était insurmontable pour
presque tous.

Est-ce qu'aujourd'hui nous n'avons pas
tous l'espace libre devant nous? Est-ce que
le monde entier, grâce à la publicité qui de
plus en plus nous inonde, n'est pas comme
un livre ouvert sous nos yeux à tous? Est-ce
que nous ne pouvons pas vivre en quelque
façon en communication journalière avec le

genre humain? Et ces informations que les
rois, aux siècles derniers, parvenaient à
peine à se procurer à prix d'or à plusieurs
mois de date, est-ce qu'il y en a un seul
parmi nous qui en soit privé ; qui, soit en
jetant les yeux sur un journal qui lui coûte
quelques centimes, soit en entendant causer
son voisin qui a lu le journal, ne puisse être
renseigné tous les jours et à toute heure sur
l'état du monde entier cent fois et mille fois
mieux que ne l'était sur l'état de la France
au xviie siècle le roi Louis XIV ou même,
au commencement du siècle, le mieux in-
formé de tous les hommes, le premier con-
sul Bonaparte?

Oui, Messieurs, je le répète avant de ter-
miner, oui le progrès de l'industrie, le progrès des machines est un progrès vers la li-
berté, vers l'égalité, vers la concorde. C'est
lui qui a élevé la masse humaine de la condition d'esclave dans laquelle l'homme et la
femme étaient plongés, vers la condition d'ouvrier, de citoyen ; c'est lui qui, peu à peu, en
l'affranchissant des plus amers et des plus
pressants besoins, lui permet de redresser sa
tête vers le ciel, de songer aux siens d'abord,

puis à tous ceux qui l'entourent, de mettre
dans sa demeure un peu de soin, de pro-
preté, d'en mettre sur sa personne, d'épargner quelques heures pour son esprit, et de
rêver et d'espérer pour ses enfants un sort
meilleur que celui qu'il a connu lui-même.

Tout cela, Messieurs, c'est la civilisation ;
c'est l'accroissement de la valeur de l'homme ;
c'est ce qui fait que l'homme, après avoir
été le manœuvre de la création, en est devenu, comme on l'a dit, le contre-maître et
le roi.

Que si, quelquefois, malgré ces considé-
rations, vous vous sentiez tentés de douter
du progrès, rappelez-vous, Messieurs, des pa-
roles qu'avant de vous quitter, et quoiqu'il
soit bien tard déjà peut-être, je vous demande la permission de vous citer.

Il y a quelques années (c'était à l'époque
où une vive agitation s'était produite dans
l'une des industries que je rappelais tout à
l'heure, dans l'imprimerie), des observations furent publiées par des ouvriers com-
positeurs de Paris en réponse à d'autres
observations présentées au nom de quelques
chefs d'industrie. Le fond de ces observa-

tions n'importe pas au sujet qui nous occupe ;
mais voici ce qui se trouve vers la fin.

Il était question, dans le mémoire des
chefs d'atelier, et en termes qui peut-être
n'étaient pas toujours heureux, de l'apparition prochaine de la machine à composer,
comme d'un moyen d'amener, si vous me
permettez ce jeu de mots, les ouvriers à
composition.

Savez-vous ce que répondirent dans leur
mémoire les ouvriers typographes? Ils com-
mencèrent par démontrer que le jour de
l'application de cette machine, de son application industrielle et commerciale, était loin
d'être encore venu ; qu'il fallait, pour adopter
sérieusement une machine pareille, que la
demande des livres se fût singulièrement
étendue, et d'autres conditions encore qui
n'étaient pas réalisées. Puis ils ajoutaient
ceci :

« Le jour où cette application sera possible, quelles que soient les concessions que
puissent faire les typographes, leur carrière
sera brisée, ou du moins complétement
transformée. »

En cela, je dois le dire, je crois qu'ils se

trompaient ; mais je n'ai ni le temps ni le besoin d'entrer dans ces détails. Ils pen- saient que le progrès devait leur apporter la ruine ; et avec cette conviction voici ce qu'ils disaient : « *Et ce jour-là, toujours hommes de leur siècle, leur cœur sera sans haine pour la main habile qui les ruinera ; et*, AVANT DE BOIRE CE CALICE BIEN AMER, ILS SAURONT L'É- LEVER ENCORE POUR SALUER LE PROGRÈS. »

Eh bien, Messieurs, redisons-le, et que ce soit là notre conclusion : non ! il ne faut ja- mais répudier le progrès, quoi qu'il nous coûte ou qu'il paraisse nous coûter quelque- fois. Il faut savoir que le progrès nous frappe à tour de rôle, tantôt ici, tantôt là ; mais que, pour guérir une blessure qu'il nous fait, il nous apporte cent mille bienfaits. Il faut savoir que tous les progrès qui ont été réalisés par les générations qui nous ont pré- cédés ont paru, aux jours où ils étaient des nouveautés, des nouveautés pénibles et dures quelquefois ; mais que, si ces nouveautés n'avaient pas réussi à triompher des obsta- cles, nous n'aurions rien, absolument rien de ce que nous avons aujourd'hui ; qu'il n'est pas une amélioration qui n'ait coûté

quelque chose à quelqu'un, mais qu'en
coûtant quelque chose à quelqu'un, ces amé-
liorations répandent peu à peu le bien-être
sur tout le monde, et que lorsque la nou-
veauté est passée, cette chose nouvelle dont
on a eu peur est une belle invention à laquelle tout le monde est habitué, dont
tout le monde profite et que tout le monde
bénit, comme nous bénissons tous la charrue. Le jour où vous seriez tentés de dire
que le métier vous blesse, souvenez-vous
que vous ne pouvez condamner le métier
sans aller jusqu'à condamner la charrue. Le
jour où vous entendrez dire que tel ou tel
métier est une chose fatale, rappelez-vous, et
ne craignez pas de dire à d'autres à l'occasion,
que si l'on veut être débarrassé de ce qui
blesse, il faut savoir être privé de ce qui
sert : qu'il n'y a pas de milieu, donc ; que
c'est tout ou rien, et que le progrès ne se
partage pas. Dites que tout homme a le
droit de mieux faire, d'employer de mieux
en mieux ses bras, d'utiliser son activité ; et
que, lorsqu'un homme a trouvé dans sa
tête une invention nouvelle, lorsqu'il a fait
passer ou qu'un autre a fait passer sous ses

yeux l'idée à l'état de machine réalisée, lorsqu'un troisième qui s'est procuré cette machine et qui l'a payée ce qu'elle vaut y a
placé l'avenir de son existence ; lorsque, en
un mot, la pensée est descendue du cerveau
dans la main, et de la main dans les choses ;
c'est toujours une pensée sacrée, la pensée
de l'homme, et que nous n'avons pas le
droit d'y porter atteinte : sans quoi nous
nous mettrions tous à la merci les uns des
autres, et ce serait l'arbitraire, la violence,
toujours occupés à nous faire rétrograder,
qui régneraient dans le monde pour nous
réduire à la pauvreté et à l'abrutissement. Il
faut être homme ou il faut être bête. Choisis-
sons.

FIN.

Imprimerie L. Toinon, à Saint-Germain.

www.ingramcontent.com/pod-product-compliance
Lightning Source LLC
Chambersburg PA
CBHW060739280326
41934CB00010B/2285